Du CM2 à la 6e

10-11 ans

La forêt de l'épouvante

Karine Tercier
écrivain

Sylvie Cote
enseignante

illustré par
Jean-Louis Thouard

Nathan

Présentation

→ **Je lis un récit frisson entrecoupé d'exercices de :**
français, mathématiques, histoire, enseignement moral et civique, sciences et technologie.

→ **Je résous des exercices**
qui permettent de reconstituer l'histoire.

→ **Je vérifie ma réponse**
- elle est juste → j'accède à la suite de l'histoire ;
- elle est fausse → le corrigé me guide pour refaire l'exercice.

→ **Je consulte le mémo en fin d'ouvrage,**
il m'explique la notion abordée dans l'exercice.

→ **Je regarde la table des matières (p. 94-95)**
pour connaitre tous les points du programme abordés dans les exercices.

→ **Je note les indices sur la page 93,**
un par chapitre, ils prouvent que l'enquête avance et que l'histoire est bien comprise.

Maquette intérieure : Julie Lannes
Mise en page : Lasergraphie

Le piège de la forêt

1

Il y a longtemps, bien longtemps, une aventure terriblement étrange m'est arrivée. Je n'ai encore jamais raconté cette histoire à personne et pourtant, depuis ce jour, je vis avec son souvenir, tenace, terrible, comme si, jusqu'à ma mort, la peur devait m'accompagner. Autrefois, avant que je sache ce que je sais aujourd'hui, on disait de moi que j'étais un garçon insouciant, on me rangeait volontiers du côté des fortes têtes. Pourtant, je peux bien le dire aujourd'hui, depuis ce jour si particulier où je crus que l'épouvante allait m'ôter la vie, mon esprit a connu peu de répit. Voyez-vous, j'ai encore après tout ce temps peur des portes et des volets qui claquent, et les ombres, les ombres des hommes, des arbres ou même des fleurs m'inspirent plus d'effroi que votre imagination ne pourra jamais le concevoir. Cependant, je suis aujourd'hui un vieil homme et j'aurai eu beau lutter toute ma vie pour tenter d'oublier, ma mémoire aura eu raison de moi et il ne me reste plus qu'à tout vous raconter.

Quelle est donc cette histoire, gardée si longtemps secrète ?

Tu le sauras rapidement en observant les mots en bleu dans le texte. Trouve le seul qui ne soit pas un adverbe de temps.

Si tu as trouvé *pourtant* → Lis le n° 4.
Si tu as trouvé *longtemps* → Lis le n° 7.
Si tu as trouvé *autrefois* → Lis le n° 5.

mémo 6

2

Attention, la terminaison *-ai* au futur vient après la forme de l'infinitif. *Rencontrer-ai*.

→ Refais l'exercice du n° 8.

3

Faux ! 15 km² = 1 500 hm². Utilise un tableau de conversion ou consulte ton mémo.

→ Refais l'exercice du n° 4.

4

Avec ma famille, nous avions quitté Paris pour le Sud et nous habitions désormais une vaste maison, dans le petit village de Malentour. L'été touchait à sa fin et, bientôt, je découvrirai un nouveau collège. J'espérais bien m'y faire des amis car, pour l'instant, dans ce village presque trop tranquille, je ne connaissais personne. À l'époque, mes parents travaillaient énormément, aussi passais-je beaucoup de temps tout seul. Quand l'ennui devenait trop pesant, j'allais me promener dans la forêt toute proche. C'était une forêt gigantesque et, malgré son côté quelque peu lugubre, j'aimais bien m'y balader. Ainsi, moi, le petit Parisien qui ne connaissait que le métro et le bitume, je découvrais avec enchantement tout un monde de petits animaux agiles et discrets disparaissant si vite sous les mousses que j'avais parfois l'impression d'avoir rêvé. Et puis il y avait le pépiement joyeux des oiseaux qui vivaient là, cachés, la lumière entre les arbres et le silence, lourd et protecteur à la fois, qui s'installait au détour d'un chemin fourchu. Si je ne pus jamais entièrement traverser cette forêt tant elle était profonde et obscure, je faillis pourtant m'y perdre bien des fois.

Quel mystère se cache au cœur de cette forêt si profonde ?

Avant de percer ce mystère, résous ce problème de superficie. La forêt a une surface de 15 km^2.
L'équivalent en m^2 est :

a. 1 500 m^2 **b.** 15 000 000 m^2 **c.** 150 000 m^2

Si tu as répondu a. → Lis le n° 3.
Si tu as répondu b. → Lis le n° 8.
Si tu as répondu c. → Lis le n° 9.

mémo 15

5 

Faux ! *Autrefois* est bien un adverbe qui nous renseigne sur le temps.

→ Refais l'exercice du n° 1.

6

Non, l'horticulture est la culture des fleurs, des plantes, des arbres fruitiers et des légumes.

→ Refais l'exercice du n° 10.

7

Faux. Revois la nature des adverbes : *longtemps* est bien un adverbe qui nous renseigne sur le temps.

→ Refais l'exercice du n° 1.

8

Un jour que je m'étais égaré, je tombai sur elle.

– Bonjour, je crois bien que je me suis perdu. Je… je cherche comment sortir.

– Ah ! fit-elle, ne savais-tu pas qu'une fois entré dans la forêt, on ne peut plus en sortir ?

– Sérieusement, peux-tu me dire où se trouve le village ?

– Bonjour ! Moi, c'est Blanche et toi ?

J'étais un peu surpris, mais je tombai immédiatement sous le charme.

– Moi ? Je m'appelle Simon.

– Alors viens Simon, je vais te sortir de là.

Et c'est ainsi que je rencontrai Blanche. Blanche avait à peu près mon âge, un visage gracile mangé par des yeux trop curieux. Aux aguets. Elle me dit qu'elle aussi habitait tout près de la forêt, mais à l'autre bout du village, si bien que nous ne nous étions encore jamais croisés. Elle était nouvelle dans la région et tout comme moi n'avait aucun ami. Nos gouts et nos vies étaient si proches que j'avais l'impression de la connaitre depuis toujours. En vérité, je peux bien le dire à présent, je crois qu'au premier regard je tombai amoureux d'elle. Et alors que j'imaginais d'improbables stratégies pour essayer de la garder près de moi, je perçus très distinctement un étrange bruit entre les feuillages.

Quel est ce bruit étrange ?

Pour connaitre l'origine de ce bruit, associe les verbes de chaque liste au temps conjugué correspondant.

a. rencontrerai – tomberont – dira – percevrez **1.** imparfait

b. habitait – imaginais – étions – avait **2.** futur

Si tu as associé a.2. et b.1. → Lis le n° 10.
Si tu as associé a.1. et b.2. → Lis le n° 2.

mémo 8

9

Non ! 15 km^2 = 150 000 dam^2. Consulte ton mémo.

→ Refais l'exercice du n° 4.

10

– Léopold ? Qu'est-ce que tu fais ici ? dit Blanche.

Léopold était le petit frère de Blanche. C'était aussi celui, je le compris hélas trop tard, qui allait me conduire droit en enfer. Mais comment aurais-je pu deviner l'épouvante qui allait suivre ?

– Léopold, je t'ai posé une question ! Que fais-tu ici ?

– Je m'ennuyais. Je vous ai suivis.

– Léopold, retourne tout de suite à la maison !

– Mais comment ? rétorqua Léopold. Faut-il prendre à gauche ? À droite ?

Comment en effet cet enfant pouvait-il retourner tout seul chez lui ? Devant nous, derrière nous, sur les côtés : des arbres à perte de vue. Comment franchir cet enchevêtrement de branches et de ronces ? La forêt peut parfois devenir un véritable labyrinthe. Guidé par une coulée de lumière tombée du ciel, on croit se rapprocher de la lisière pour s'apercevoir qu'au contraire on s'est encore plus enfoncé dans les ténèbres végétales. Et quand tout est si sombre, on a parfois l'étrange impression qu'un être invisible, au-dessus de nous, appuie sur un interrupteur. Là, une colonne lumineuse et puis… plus rien. J'avais de la sympathie pour Léopold.

– Tu veux qu'on te raccompagne ? proposai-je.

– Non ! Je veux rester ici avec vous.

Je m'apprêtais à le raisonner lorsque, soudain, il nous fit cette drôle de proposition :

– Écoutez, on fait une partie de cachecache et ensuite, je rentre à la maison.

– Tu promets ? demanda Blanche avec un sourire mystérieux.

– Promis juré, assura Léopold.

Et pour nous faire rire, il ajouta : « Croix de bois – croix de fer, si je mens, je vais en enfer. » Et c'est ainsi que véritablement l'histoire débuta…

Que signifie le sourire mystérieux de Blanche ?

Tu ne tarderas pas à le découvrir. Il te suffit de trouver comment on appelle la culture de la forêt :

a. l'horticulture → **Lis le n° 6.**
b. l'ostréiculture → **Lis le n° 14.**
c. la sylviculture → **Lis le n° 15.**

11

C'est impossible car $\frac{3}{2}$ de 24, soit $\frac{24 \times 3}{2}$, font 36 !

→ Refais l'exercice du n° 13.

12

Non, le passé simple de *partir* est : *je partis*. La forme verbale *suis parti* est composée de deux mots.

→ Retourne à l'exercice du n° 15.

13

Ayant entendu un froissement dans les feuilles, je pris peur et reculai à petits pas quand, tout d'un coup, mon corps heurta quelque chose. Je sursautai, et mon cœur cogna alors si fort dans ma poitrine que je crus mourir. Mes forces avaient quitté mon corps, je me sentais mou comme une éponge et je me demandais par quel miracle je tenais encore sur mes jambes. Alors que je me sentais défaillir, j'entendis derrière moi une voix étonnée :

– Ah, on peut dire que vous m'avez fait peur, vous !

Je me retournai et vis un homme d'une cinquantaine d'années. Ses vêtements d'un autre âge étaient sales et sa barbe mal rasée.

– Moi, je vous ai fait peur ? lui répondis-je. Vous plaisantez, j'espère ! À cause de vous, j'ai bien cru que j'allais y rester ! Qu'est-ce que vous faites là d'abord ?

L'homme sortit de sa poche quelques champignons à moitié écrasés.

– Je suis le garde-forestier et je finissais ma petite cueillette quand vous m'êtes rentré dedans. La tempête approche, ajouta-t-il. Vous devriez rentrer chez vous, jeune homme.

– Oui, c'est ce que je me dis depuis tout à l'heure.

– Quittez donc cette forêt, c'est ce que vous avez de mieux à faire, croyez-moi.

L'homme s'éloigna. Les champignons tombèrent de sa poche. Il n'y prêta aucune attention.

– Excusez-moi, demandai-je encore, est-ce que vous auriez vu une jeune fille accompagnée d'un petit garçon ?

– Non, je n'ai vu personne, répondit-il d'un ton sec. Absolument personne. À part vous, je veux dire.

Le garde-forestier fit quelques pas et disparut comme il était venu.

Simon va-t-il suivre le conseil du garde-forestier et quitter la forêt ?

Pour le savoir, réponds à la question.

Le garde a 48 ans et Simon en a 11.

Penses-tu que :

a. l'âge de Simon est égal aux $\frac{2}{3}$ de la moitié de l'âge du garde, moins 5 ans ?

b. l'âge de Simon est égal aux $\frac{3}{2}$ de la moitié de l'âge du garde, moins 5 ans ?

Si tu as répondu a. → Lis le n° 18.
Si tu as répondu b. → Lis le n° 11.

mémo 13

14

Non, l'ostréiculture est la culture des huitres.

→ Recommence l'exercice du n° 10.

15

Les yeux clos et le front collé au tronc d'un grand sapin, je me mis à compter. J'avais hâte de retrouver le petit Léopold, et pour dire les choses simplement, j'avais hâte qu'il disparaisse et qu'il me laisse le loisir de faire plus ample connaissance avec Blanche. Elle, je l'aimais déjà, ses grands yeux mutins, son petit nez retroussé et son adorable allure de sauvageonne. Perdu dans mes rêveries, j'oubliai un instant de compter. Allez, mettons… 47… 48… 49… 50. Quand je me retournai, on eut dit que beaucoup de temps s'était écoulé. L'air était plus froid, et des rafales de vent s'engouffraient dans les branches. Loin, très loin au-dessus des cimes, je pouvais encore apercevoir un bout du ciel. Gris, menaçant. C'était étrange, quelques secondes avaient suffi à chasser l'été. Je me mis à chercher Blanche et Léopold. Je regardai derrière les plus gros arbres, fouillai l'intérieur de vastes souches, scrutai les feuillages et me fis même quelques frayeurs en délogeant de leur nid des oiseaux craintifs. Le vent

continuait de siffler sa plainte, et de gros nuages noirs couraient au-dessus des pins. On eut dit que la lumière avait été avalée par la terre et que la forêt était en deuil. Je ne savais plus quelle heure il était, mais j'avais déjà perdu mon ombre. L'air pénétrait maintenant par les manches et le col de ma chemise pour me glacer les os. Je ne sais pourquoi, mais j'avais dans la tête cette comptine idiote « Promenons-nous dans les bois, pendant que le loup n'y est pas » et je n'avais qu'une envie : quitter ce lieu sinistre. Pourquoi ne suis-je pas parti ? Pourquoi, au lieu de fuir, pris-je la décision de rester ? Était-ce là mon destin ? Aujourd'hui, après toutes ces années, je me pose encore ces mêmes questions…

Qu'est-ce qui pousse Simon à rester dans cet endroit inquiétant ?

Tu le sauras rapidement si tu choisis le temps auquel est conjugué le verbe en bleu dans le texte : *suis parti*.

a. Le passé composé → **Lis le n° 13.**
b. Le passé simple → **Lis le n° 12.**
c. L'imparfait → **Lis le n° 20.**

mémo 8 mémo 9

16

Tu t'es trompé(e) : le complément du verbe complète un verbe alors que le complément du nom précise et complète un nom.

→ Reprends l'exercice du n° 18.

17

Attention, à l'imparfait, on aurait : *elle criait*.

→ Refais l'exercice du n° 23.

18

Blanche arriva à ce moment-là.

– Eh bien dis-moi, Simon, tu n'es pas très perspicace comme détective !

J'étais tellement soulagé de la retrouver que j'avais envie de la prendre dans mes bras :

– Tu veux rire ! J'ai fouillé toute la forêt, chaque recoin. J'ai soulevé chaque brindille, chaque branche de chaque arbre, impossible de mettre la main sur toi ou ton frère ! Où étais-tu ?

Elle désigna un point sombre derrière elle.

– Et ton frère ? demandai-je.

– Je pensais que tu l'avais retrouvé.

– Eh bien non, figure-toi. (Une grosse branche qui tomba tout près de nous me fit sursauter.) Là, je

commence à en avoir assez. J'ai envie de rentrer chez moi, j'ai envie de prendre un bain chaud, j'ai envie de regarder la télé.

– Alors, vas-y, rentre chez toi. Ne te gêne surtout pas pour nous !

Blanche avait prononcé ces mots avec un visage plein de défi. Pourtant, sous ses airs déterminés, pointaient la déception et l'affolement. Je restai donc avec elle, même si déjà, à ce moment-là, je pressentais que cette décision allait bouleverser le cours de mon existence.

Simon est-il raisonnable de rester avec Blanche ?

Pour savoir si l'intuition de Simon est bonne, observe le complément en bleu dans le texte.
Ce complément est :

a. un complément du nom
→ **Lis le n° 21.**

b. un complément du verbe
→ **Lis le n° 16.**

mémo 2

19

Tu t'es trompé(e) ! Le verbe est au passé…
→ Refais l'exercice du n° 23.

20

Non, à la 1re personne du singulier, l'imparfait de *partir* est : *je partais*.

→ Retourne à l'exercice du n° 15.

21

Le vent soufflait de plus en plus fort. Les arbres penchaient sur le côté et l'on avait l'impression que bientôt, à bout de résistance, ils tomberaient les uns après les autres en nous écrasant comme des mouches. Les mains autour de la bouche, nous hurlions de toutes nos forces pour appeler le petit frère de Blanche : « Léopold ! Léopold ! » Le vent emportait nos cris pour les perdre dans la forêt. Blanche s'arrêta soudain et cria dans ma direction :

– On n'arrivera jamais à le retrouver !

Tout son corps frissonnait. Elle était de plus en plus pâle. Même si au fond de moi j'étais aussi découragé qu'elle, il fallait que je sois fort pour deux. Je m'approchai d'elle :

– Blanche, on va le retrouver ton petit frère. Il est là, quelque part. Ne baissons pas les bras !

Blanche me sourit et continua d'appeler Léopold, malgré la violence des bourrasques et malgré la nuit qui commençait à tomber, aussi froide qu'un couperet.

Simon et Blanche vont-ils retrouver Léopold ?

Avant de lire la suite, décode ces messages et choisis la bonne réponse à la question.
Que cherchaient Blanche et Simon dans la forêt ?

Attention : A = C, B = D, etc.

Est-ce : AFYKNGELMLQ

ou JCMNMJB

Écris ta réponse :

Leopold

C'est ton PREMIER INDICE. N'oublie pas de recopier la bonne réponse sur ta page-indices p. 93.

Maintenant → Lis le n° 23 pour connaitre la suite de l'histoire.

22

– Regarde ! me dit Blanche. Léopold est là ! Il est là ! De l'autre côté du pont.

J'avais beau regarder, je ne voyais rien, juste un pont qui dansait au-dessus de la rivière.

– Viens, suis-moi, continua-t-elle.

Peut-être à ce moment-là aurais-je dû dire à Blanche qu'il était impossible d'emprunter ce petit pont de pacotille tandis que la tempête faisait rage ? Mais comprenez-moi bien… on eut dit que Blanche m'entrainait malgré moi, qu'une force invisible nous unissait. Alors je la suivis. Après tout ce temps, je m'en souviens encore comme si c'était hier : j'eus l'impression que chaque pas serait mon dernier. Le pont brinquebalait dans le vent, et je m'agrippais à la rampe comme un fou. Blanche avançait, droite et légère. C'est bête à dire, mais elle m'impressionnait. Enfin, nous arrivâmes de l'autre côté de la rive. Léopold était là. Il nous attendait, comme surgi de la nuit.

– Je me suis perdu, dit-il simplement.

– Tu es complètement malade Léopold ! hurlai-je. Un jeu de cachecache, tu avais dit ! À cause de toi, on est complètement perdus, tu entends, P-E-R-D-U-S !

J'étais hors de moi. Blanche me regardait, abasourdie. Elle souriait à son petit frère. Je me sentais exclu de leur complicité. Et puis j'avais froid. Et puis j'avais peur. Des spirales de vent partaient de la cime des arbres et descendaient jusqu'à nous en soulevant la terre. Des branches griffues tombaient, et de petits troncs se couchaient sur le sol, anéantis. Soudain, ce fut le silence. Une seconde ou deux, pas plus, et puis… ce terrible vacarme, comme la fin du monde.

Quel est ce bruit assourdissant ?

Avant de te plonger dans le deuxième chapitre, résous ce petit problème de temps.

Quand Léopold a disparu, il était 9 h 47 min à la montre de Simon.

Quand Blanche et Simon le retrouvent, il est 11 h 41 min.

Combien de minutes Léopold a-t-il disparu ?

a. 13 min + 41 min = 54 min

b. 13 min + 60 min + 41 min = 114 min

Si tu as trouvé a. → Lis le n° 24.

Si tu as trouvé b. → Lis le n° 25.

mémo 16

23 

Sans même nous en rendre compte, nous nous étions approchés de la rivière. Jamais dans mes promenades solitaires je n'étais allé aussi loin. Nous ne pouvions voir l'eau, seul son grondement venait jusqu'à nous. Je pouvais déjà imaginer la rivière sortant de son lit et nous emportant comme de petites poussières. J'avais de plus en plus peur et je hurlais à en perdre la voix : « Léopold ! Léopold ! Réponds-nous ! » Je marchais vite, faisant craquer sous mes pas les feuilles mortes

et les branches cassées. Les mulots fuyaient, effrayés par la tempête ou peut-être par nos cris. Blanche se tenait toujours un peu derrière moi, silencieuse. J'aurais donné n'importe quoi pour pouvoir faire marche arrière. Trop tard… nous étions perdus. Les arbres se dressaient devant nous en lignes verticales et si serrées qu'ils ressemblaient aux barreaux d'une prison. Je voulais tellement que ce cauchemar s'achevât que je courais comme un dératé, me prenant plusieurs fois les pieds dans des racines. Dans la pénombre, elles étaient comme des griffes qui me retenaient prisonnier. Blanche me suivait sans faire de bruit, ses pieds effleurant à peine le sol. Soudain, elle cria…

Pourquoi Blanche se met-elle à crier ?

Tu le découvriras en répondant à la question.
À quel temps est conjugué le verbe en bleu dans le texte ?

a. Au présent → **Lis le n° 19.**
b. À l'imparfait → **Lis le n° 17.**
c. Au passé simple → **Lis le n° 22.**

mémo 8

24

Tu as oublié une heure dans ton calcul, c'est-à-dire 60 minutes ! → Refais l'exercice du n° 22.

25

Bravo !

→ Rendez-vous au chapitre 2 pour savoir si Simon et ses amis d'infortune réussiront à sortir de cette maudite forêt !

Une maison de cauchemar

1

Le pont venait de s'effondrer. À ce moment-là, je n'ai pas honte de le dire, je me mis à pleurer. Blanche s'approcha de moi :

– Ne t'inquiète pas, tu vas t'en sortir, cria-t-elle pour couvrir le bruit de la tempête.

Pourquoi avait-elle dit *tu* ? Peut-être était-elle morte de peur elle aussi ? Je me ressaisis :

– *On* va s'en sortir ! Je ne sais pas comment, mais on va trouver une solution.

– J'ai bien une idée… poursuivit Léopold.

Ce garçon était incroyable ! À cause de lui, nous étions prisonniers de la forêt, mais il avait assez de culot pour nous proposer une solution.

– À ta place, je me tairais. Tu as déjà provoqué suffisamment de dégâts !

– Laisse-le parler, s'il te plait, intervint Blanche.

Blanche adorait son petit frère. Il existait entre eux une connivence extraordinaire. Ai-je alors voulu lui faire plaisir ? Espérais-je véritablement une solution miracle ? Le fait est que je laissai Léopold présenter son plan.

– Nous ne pouvons pas rester là. Avec la tempête, c'est trop dangereux !

– Quelle perspicacité ! Incroyable, vraiment ! me moquai-je.

– Allez, écoute Simon… je connais un endroit où nous abriter, reprit Léopold.

– Une de tes cachettes secrètes ? persiflai-je à nouveau.

Autour de nous, le vent se déchainait : des buissons entiers étaient arrachés du sol, puis emportés je ne sais où, des arbres tombaient dans un grand fracas,

des animaux poussaient des cris de terreur en s'enfuyant. Toute la forêt tremblait. Combien de temps pourrions-nous résister ?

– Où est cet endroit ? finis-je par demander.

– Là, juste derrière toi.

Je me retournai.

– Je ne vois rien. De quoi parles-tu ?

– Avance encore un peu. C'est ça, continue. Là, derrière les ronces, ne vois-tu rien ?

Et alors, je découvris quelque chose d'extraordinaire…

Qu'est-ce qui se cache derrière les ronces ?

Pour le découvrir, retrouve la fonction des groupes soulignés :

Ce garçon était incroyable.
Nous étions prisonniers de la forêt.

a. Complément du verbe
b. Attribut du sujet
c. Complément de phrase

Si tu as répondu a. → Lis le n° 5.
Si tu as répondu b. → Lis le n° 6.
Si tu as répondu c. → Lis le n° 7.

mémo 2 mémo 3

2

Faux ! Relis attentivement la description que fait Simon de la maison. Il n'y a aucune trace d'armes ni de trophées de chasse.

→ Recommence l'exercice du n° 4.

3

Faux ! Reprends le texte et lis attentivement la description que fait Simon de la maison.

→ Refais l'exercice du n° 4.

4

Blanche et Léopold me suivirent. La porte claqua derrière nous. Je sursautai :

– Ça, ça s'appelle un courant d'air ! commenta Blanche.

Était-ce de l'ironie ou une façon de me réconforter ? Comment savoir ? Je la connaissais si peu en vérité. Il faisait tellement sombre dans la maison qu'on ne distinguait rien. C'était d'abord une odeur. Une odeur de moisi intenable. Peu à peu, je m'habituais à l'obscurité et je vis que nous nous trouvions dans une cuisine. Je repérai une boite d'allumettes et quelques bougies. Je les allumai. L'endroit était comme figé par le temps. Un peu partout, des araignées tissaient leurs toiles avec l'assurance de ne point être dérangées. La poussière s'était amoncelée sur les meubles et les casseroles en cuivre. Aucune trace de vie, rien. On aurait dit que cette maison, autrefois somptueuse, avait été abandonnée du jour au lendemain. Dans la stupeur et l'affolement. On raconte parfois de certains lieux qu'ils gardent en mémoire les évènements dont ils ont été témoins. Je ne savais pas encore ce qu'il s'était passé ici, mais je ressentais une indicible angoisse. Je m'approchai prudemment des fenêtres. Et c'est là que je le vis.

Qu'a bien pu voir Simon ?

Pour en savoir plus, retrouve dans quelle bâtisse vient de rentrer Simon.

a. La maison du garde-forestier → **Lis le n° 3.**

b. Une maison abandonnée → **Lis le n° 12.**

c. Un pavillon de chasse → **Lis le n° 2.**

5

Ce n'est pas la bonne réponse car *être* est un verbe d'état.

→ Refais l'exercice du n° 1.

6

Une bâtisse délabrée se dressait devant nous. Nous approchâmes. Ses murs étaient lézardés et envahis de mousse et de lichen. On aurait dit que, au fil des années, la vieille maison s'était confondue avec la forêt : des branches couvraient son toit en ruines, des fougères cachaient la porte et des herbes folles poussaient en ce lieu comme dans un cimetière abandonné. Un long frisson me glaça.

– Qu'est-ce qu'on fait ? demandai-je plein d'angoisse.

– Eh bien, on va se mettre à l'abri, répondit Blanche.

Blanche et Léopold étaient des enfants prodigieux ! On aurait dit qu'ils n'avaient peur de rien. Ce n'est pas qu'ils étaient particulièrement intrépides, c'est juste qu'ils semblaient avoir au fond d'eux plus de sagesse ou d'expérience que moi. Le vent continuait de hurler. Je repensai alors au garde forestier. Il m'avait pourtant bien dit de quitter la forêt ! Pourquoi ne l'avais-je point écouté ? Sur mon front et aux tempes, la sueur perlait. Mon cœur résonnait jusque dans mes oreilles. Il fallait que je me calme. Allez mon Simon ! me disais-je, tu as vécu à Paris et c'est autre chose ! Des rues mal fréquentées, des quartiers louches !

Justement, à ce moment précis, tout cela me manquait. J'avais envie d'entendre des gens se parler ou même se disputer, j'avais besoin de la ville, de son effervescence, de ses lumières. Soudain, j'entendis un drôle de craquement derrière moi et j'eus alors si peur que sans réfléchir j'ouvris la porte et me ruai à l'intérieur de la maison…

Simon est-il maintenant en sécurité ?

Pour savoir ce qui va arriver dans cette vieille maison délabrée, regarde son plan.

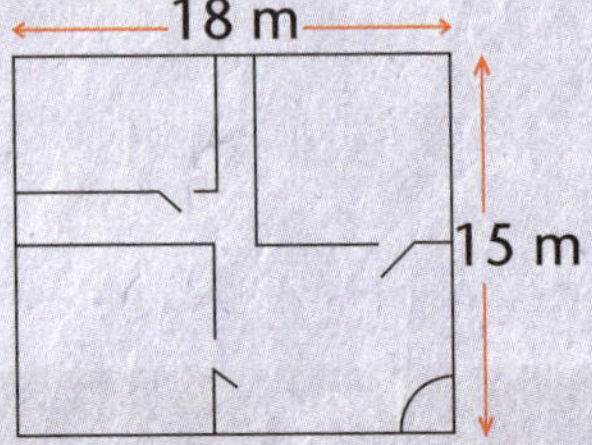

À partir des dimensions indiquées sur le plan, associe une opération à un résultat :

a. $15 \times 18 = 270$ — **1.** périmètre de la maison

b. $30 + 36 = 66$ — **2.** aire de la maison

Si tu as associé a.1., b.2. → Lis le n° 8.
Si tu as associé a.2., b.1. → Lis le n° 4.

mémo 17

7 

Ce n'est pas la bonne réponse... Consulte ton mémo.

→ Refais l'exercice du n° 1.

8 

Tu confonds le calcul de l'aire avec celui du périmètre.

→ Recommence l'exercice du n° 6.

9

Non, ces pronoms ne sont pas des sujets de verbe. Pose-toi la question : « Un homme regardait qui ? »

→ Refais l'exercice du n° 12.

10

– Vous l'avez vu ? demandai-je.

– Quelle horreur ! s'écria Blanche. Je n'en peux plus ! Il faut que ça cesse !

– Je me demande ce qu'il venait faire ici. Je n'ai pas bien vu son visage. Mais il ne m'inspirait pas confiance. Et puis nous sommes si épuisés que nous imaginons peut-être des choses… D'ailleurs, vous allez vous moquer de moi, j'ai d'abord cru que c'était un fantôme !

Et là, pour la première fois, Blanche et Léopold eurent ce drôle de rire. Depuis le début, je sentais que quelque chose était étrange. Une intuition, un mauvais pressentiment… J'essayais de comprendre, mais tout se bousculait dans ma tête. Je me sentais démuni, ignorant et terriblement vulnérable. Je n'avais qu'une certitude : il y avait dans cet endroit quelque chose que je n'arrivais pas à expliquer mais qui m'épouvantait.

– Hé ho ! Simon ! À quoi penses-tu ?

Blanche me tira de mes réflexions. Son frère et elle étaient de curieux enfants, mais j'étais bien heureux que ce soient eux que le hasard – mais était-ce le hasard ? – ait désigné comme mes compagnons d'infortune. Et même si j'avais été très en colère contre Léopold, je lui étais à présent reconnaissant de nous avoir conduits jusqu'ici, à l'abri. Dehors, on entendait toujours les rafales, et il valait encore mieux être là. Tout à coup, nous entendîmes des bruits qui venaient de l'étage.

– Vous entendez ?

– Mon Dieu, il est revenu ! hurla Blanche.

Je n'arrivais plus à déglutir. Les pas résonnaient au-dessus de nos têtes. Quand donc ce cauchemar allait-il prendre fin ?

Quel est ce pressentiment dont parle Simon ?

Aide-le à remettre de l'ordre dans ses pensées. Retrouve dans la grille le mot que Simon emploie pour qualifier la situation horrible qu'il vit.

C	P	F	■	H	O	R	R	E	U	R	■
■	O	R	A	Y	E	U	R	■	N	D	H
E	T	R	A	N	G	E	R	R	I	I	O
U	E	I	D	N	T	X	■	R	O	A	O
C	S	S	■	E	T	O	X	I	N	B	R
H	I	S	S	E	R	O	M	O	R	T	R
N	E	Z	X	X	C	A	V	E	■	E	E
C	A	U	C	H	E	M	A	R	D	E	R

Écris ta réponse :

cauchemar

C'est ton DEUXIÈME INDICE. N'oublie pas de le noter sur ta page-indices p. 93.

Maintenant → Lis le n° 15 pour connaitre la suite de l'histoire.

11

Tu as fait une erreur : lorsqu'on multiplie par 100, on ajoute deux zéros à droite du nombre de départ. Cela fait 10 000 cm. Utilise ensuite un tableau de conversion et place bien les unités dans la bonne colonne.

→ Recommence l'exercice du n° 16.

12

Derrière la fenêtre, un homme nous regardait. Je distinguais mal son visage. L'homme ne bougeait pas, ne semblait pas respirer. Mais ses yeux – mon Dieu ! ses yeux – étaient aussi immobiles que deux prunelles vides. Je voulus hurler, mais ma peur était si grande qu'aucun son ne sortit de ma bouche. Et puis, aussi soudainement qu'il était apparu, l'homme disparut. Sans un bruit. Rien. Avais-je été en proie à une hallucination ? Je regardai Blanche et Léopold. Tous deux étaient livides comme des morts. Je savais qu'eux aussi l'avaient vu. Se pouvait-il que cette maison fût hantée ? Je ne croyais pas aux fantômes. Mes parents, tous deux scientifiques, m'avaient élevé dans le culte de la raison. Jusqu'à ce jour, je n'avais jamais observé de près ou de loin des évènements qui échappent aux lois de la logique ou de l'entendement. Par exemple, si les arbres agitent leurs branches et si les ponts s'effondrent, c'est que le vent souffle. C'est effrayant, mais c'est *normal.* En revanche, qu'un homme apparaisse soudain, au cœur d'une tempête, était-ce *normal* ?

Est-ce vraiment un fantôme qu'a vu Simon ?

Réponds à la question suivante pour connaitre la suite. Que sont les mots en bleu dans le texte ?

a. Des pronoms personnels sujets

b. Des pronoms personnels complément de verbe (COD)

c. Des pronoms personnels complément de verbe (COI)

Si tu as répondu a. → Lis le n° 9.
Si tu as répondu b. → Lis le n° 10.
Si tu as répondu c. → Lis le n° 14.

mémo 4

13

Non, le 15 est le numéro du SAMU, service d'aide médicale d'urgence.

→ Recommence l'exercice du n° 18.

14

Faux ! Ces pronoms ne sont pas des COI. Ils sont construits sans préposition (« l'homme regardait qui ? – *nous* »). → Recommence l'exercice du n° 12.

15

Il y a des moments où l'angoisse est telle qu'on préfère en finir une bonne fois pour toutes. J'en avais assez de ne pas savoir et de faire marcher ma folle imagination. Je me ruai donc dans les escaliers. J'aurais pu tomber nez à nez avec le diable, à ce stade, je voulais juste en avoir le cœur net. À l'étage, je trouvai deux portes. L'une était demeurée entrouverte. J'entrai. Et là, je le revis. L'homme, derrière la fenêtre, encore. Il faisait sombre, mais je le reconnus. Depuis combien de temps était-il là, suspendu dans le vide, à m'attendre ? Je n'aurais pu décrire son visage, mais il était empreint d'une espèce de morte tranquillité. Quelque chose d'incroyablement éteint et fixe. Cela me glaçait le sang. Je voulais m'enfuir ou bien hurler à pleins poumons, mais j'étais comme paralysé. Je regardais l'apparition, hypnotisé. Je ne pouvais détacher mes yeux de la fenêtre. Soudain, l'homme fit un geste de la main. Mon cœur cognait, cognait, cognait. Poitrine, gorge, bouche. J'allais vomir. Je ne pouvais plus respirer. La main se mit soudain à écrire quelque chose. D'où j'étais, je ne pouvais rien voir. C'est à ce moment-là que j'entendis des bruits dans l'escalier.

– Blanche ? Blanche ? C'est toi ?

Pas de réponse.

– Blanche ? Léopold ?

Ma voix était de plus en plus faible. Je me retournai et là, je le jure, je vis une bougie voler dans les ténèbres. Il y eut ensuite un souffle et puis plus rien. Je ne savais plus de quel côté tourner la tête. Et je crus que je devenais fou.

Comment Simon va-t-il supporter autant d'angoisse ?

Découvre-le vite en indiquant comment s'appellent les petits mots en bleu dans le texte.

a. Des adverbes → **Lis le n° 19.**

b. Des prépositions → **Lis le n° 18.**

mémo 5 mémo 6

16

Sous le lit, Léopold venait de découvrir un monocle et un chapeau comme en portaient autrefois les hommes. Qu'est-ce que ces objets faisaient là ? Je ne comprenais plus rien. Mais ma décision était prise :

– Je vais dehors, voir si la tempête s'est calmée.

– Munis-toi de quelque chose pour te défendre, me recommanda Blanche.

– Ah oui, et quoi ?

– Il y a derrière la maison un petit atelier, peut-être trouveras-tu quelque chose au cas où…

– Au cas où quoi ? Tu m'as l'air bien renseignée. Comment sais-tu tout ça ?

Blanche baissa la tête, sans répondre.

– On est déjà venus ici, intervint Léopold. Si tu veux, je t'accompagne.

– Non, tu restes à ta place pour une fois. Et tu ne quittes pas ta sœur, c'est compris ?

Juste avant de sortir de la maison, je pris une grande inspiration. Puis j'ouvris la porte. Dehors, la forêt m'attendait et bientôt ses milliers de bras m'enlaceraient à nouveau.

Simon a-t-il raison de vouloir affronter seul la tempête ?

Pour le savoir, trouve à quelle distance de la maison se trouve l'atelier où il veut se rendre.
L'atelier se trouve à 100 fois 100 cm.
Quelle distance Simon doit-il parcourir ?

a. 1 mètre **b.** 10 mètres **c.** 100 mètres

Si tu as trouvé a. → Lis le n° 11.
Si tu as trouvé b. → Lis le n° 20.
Si tu as trouvé c. → Lis le n° 21.

mémo 15

17

Non, le 18 est le numéro des pompiers.

→ Refais l'exercice du n° 18.

18

Peut-être me suis-je évanoui ? Il y a comme un trou noir dans ma mémoire. En tout cas, lorsque je repris mes esprits, Blanche et Léopold étaient à mes côtés et l'homme, derrière la fenêtre, avait disparu.

– C'était lui, n'est-ce pas ? demanda Léopold.

J'acquiesçai. Et puis, encore tremblant, je m'approchai de la vitre. Là, je lus, inscrit sur la buée : « Quittez cette maison ! » J'avais du mal à avaler ma salive. Il y avait donc bel et bien un homme qui nous voulait du mal. Je regardai mes camarades et leur dis :

– Je crois que nous courons encore plus de risques ici que dehors. Nous allons quitter cette maison.

– Jamais !

Une fois de plus, Blanche et Léopold me répondirent en chœur. Et je ne sais pourquoi, mais leur réponse à l'unisson me donna la chair de poule. Je me sentais épuisé et infiniment seul.

– Écoutez-moi bien tous les deux, je n'ai pas envie de finir ma vie ici. Je vous préviens, je m'en vais !

– Et la tempête ? Tu ne pourras même pas avancer.

– Je préfère encore le vent à tout ce qui se passe ici. Et puis mes parents ont déjà dû rentrer du travail. Ils ont dû appeler les secours. Et vous, vos parents, à quelle heure rentrent-ils ?

Long silence gêné. J'allais fuir cette maudite chambre quand Léopold s'écria :

– Eh ! Regardez ce que j'ai trouvé !

Qu'a découvert Léopold ?

Pour le savoir, tu dois d'abord trouver quel est le numéro que les parents de Simon composeraient s'ils décidaient d'appeler la police.

a. Le 15 **b.** Le 18 **c.** Le 17

Si tu as trouvé a. → Lis le n° 13.
Si tu as trouvé b. → Lis le n° 17.
Si tu as trouvé c. → Lis le n° 16.

19

Faux ! Consulte ton mémo.

→ Refais l'exercice du n° 15.

20

Tu as fait une erreur : lorsqu'on multiplie par 100, on ajoute deux zéros à droite du nombre de départ. Cela fait 10 000 cm. Utilise ensuite un tableau de conversion et place bien les unités dans la bonne colonne.

→ Refais l'exercice du n° 16.

21

Bravo !

→ Tourne vite la page pour découvrir le chapitre 3.

3

Macabre découverte

1 

Dehors, la flamme de ma bougie vacilla et s'éteignit aussitôt. J'étais seul, dans le noir, et j'écarquillais les yeux pour ne pas me laisser surprendre. Les rafales étaient moins nombreuses, mais glaciales à présent. Je pouvais voir près de la maison des arbres arrachés. Leurs racines qui s'agitaient dans le vent ressemblaient à des tentacules prêts à m'étrangler. Je détournai le regard. Marchai vite. Trébuchai. Essayai en vain de me dégager. J'avais l'impression d'être pris au piège. Je regardai en direction de la maison et vis Blanche et Léopold, main dans la main, immobiles devant le seuil. Il me semble qu'ils me firent un petit sourire ou peut-être un signe d'encouragement. En tout cas, la seconde d'après, un vent très doux, très chaud se mit à souffler juste au-dessus de moi et fit voler au loin les branches qui retenaient mes chevilles. Je courus jusqu'à l'atelier. Je trouvai là quelques vieux ustensiles de jardinage. Et au fond d'un arrosoir tout rouillé, je découvris un pistolet très ancien. Je tremblai, il était chargé. J'espérai du fond du cœur ne pas avoir à m'en servir, mais sans hésiter je le pris et le fourrai dans la poche de mon pantalon. En sortant, j'aperçus une serre sur la gauche. J'avançai lentement de ce côté. C'était étrange. Il régnait à cet endroit une drôle d'atmosphère. Silencieuse, calme. Cela peut paraitre insensé, mais j'en suis aussi sûr que deux et deux font quatre, il n'y avait aucun vent autour de la serre. Je

vous le jure : pas un souffle, pas un bruit, rien. J'entrai et fis cette bouleversante découverte.

Quelle est la bouleversante découverte de Simon ?

Pour le savoir, interroge-toi sur la nature des compléments de phrase en bleu dans le texte. Dans quelle colonne les réponses sont-elles exactes pour chaque complément ?

	a.	b.	c.
près de la maison	manière	lieu	lieu
la seconde d'après	temps	conséquence	temps
lentement	cause	manière	manière

Si tu as choisi la colonne a. → Lis le n° 7.
Si tu as choisi la colonne b. → Lis le n° 5.
Si tu as choisi la colonne c. → Lis le n° 6.

mémo 2

2 

Faux ! Raymond Poincaré est devenu chef de l'État en 1913. → Refais l'exercice du n° 6.

3 

Tu t'es trompé(e) ! Le complément du nom complète un autre nom, or *ma bougie* suit le verbe *rallumai*.

→ Refais l'exercice du n° 4.

4 

Le vent soufflait encore sa maudite plainte. On aurait dit que de vieilles âmes agonisaient derrière les arbres. Et puis, il y eut un drôle de bruit. Comme un cliquetis. Le bruit d'une chaine que l'on trainait ou tirait. Ça venait de derrière la serre. Malgré la peur, je revins sur mes pas. J'avais envie de savoir. Je n'en pouvais plus. J'étais prêt à me rendre. J'entendis alors un craquement. Je criai aussitôt :

– Qui êtes-vous ? Que voulez-vous ? Répondez !

Blanche et Léopold apparurent alors, comme surgis de la serre.

– On t'a suivi, on avait peur qu'il t'arrive quelque chose.

Les longs cheveux de Blanche tournoyaient dans le vent en spirales délicates. Son visage était tout pâle et elle frissonnait, mais elle avait eu le courage de venir à ma rescousse. J'avais envie de la serrer tout contre moi. Quand je m'approchai d'elle, elle eut juste un petit mouvement de recul sans jamais lâcher la main de son frère.

– J'ai entendu du bruit de ce côté, leur dis-je.

– Il y a un puits par là. Allons voir, répondit-elle seulement.

Je les suivis sans un mot. Nous nous arrêtâmes devant la margelle. Je rallumai ma bougie que j'avais glissée avec précaution sous le pan de ma chemise. En désignant mon cœur lumineux, Léopold se moqua :

– Blanche, regarde un peu : un véritable feu follet !

Je me mis alors à crier.

Pour quelle raison Simon se met-il à crier ?

Pour connaitre la cause de ce cri, réponds à la question. Quelle est la fonction du groupe de mots en bleu dans le texte ?

a. Complément du nom

b. Complément du verbe

c. Sujet du verbe

Si tu as répondu a. → Lis le n° 3.
Si tu as répondu b. → Lis le n° 8.
Si tu as répondu c. → Lis le n° 11.

mémo 1 mémo 2

5 

Faux ! Pose-toi la question « quand ? ».

→ Recommence l'exercice du n° 1.

6 

Au fond de la serre se dressaient deux massifs de roses blanches. C'est, jusqu'à ce jour, la chose la plus belle que mes yeux ont vue. Comment décrire une telle perfection de formes et de tons ? Comment décrire l'harmonie de ces volutes soyeuses ? L'enchantement de ces camaïeux de blancs ? Je m'approchai, fasciné, et posai mes doigts sur les pétales. Je me mis à trembler : ces roses blanches avaient la douceur et le velouté de la peau. Comment était-ce possible ? Comment se pouvait-il qu'au fond d'une serre abandonnée des roses si magnifiques poussent aussi naturellement ? Puis, en m'avançant encore un peu plus, je distinguai deux petits écriteaux. Quelque chose avait dû y être inscrit autrefois, mais le temps avait presque tout effacé. On pouvait encore lire un *L* et un *O* et même un *E* ou était-ce un *B* ? Au-dessous, je vis des nombres. *1863* ? *1865* ? J'avais du mal à déchiffrer. Et puis, juste derrière, je découvris une croix. Épouvanté, je compris alors que les roses blanches s'échappaient de deux tombes. Il fallait quitter cet endroit de malheur pendant qu'il était encore temps ! Je vérifiai que mon pistolet se trouvait toujours dans ma poche et je déguerpis comme un animal traqué.

À qui ces deux tombes appartiennent-elles ?

Pour le découvrir, réponds à la question.
Qui gouvernait la France en 1865 ?

a. Louis-Philippe → **Lis le n° 9.**
b. Raymond Poincaré → **Lis le n° 2.**
c. Napoléon III → **Lis le n° 4.**

7

Tu t'es trompé(e) : pose-toi les questions « où ? » et « comment ? ».

→ Refais l'exercice du n° 1.

8

L'homme venait d'apparaitre. Pour la troisième fois. Mais cette fois fut la pire… Il portait le chapeau et le monocle ! Il était là, debout, dans la serre, le regard immobile, à quelques mètres de nous à peine ! J'ai pensé « Je vais mourir, on va mourir » et puis j'ai fermé les yeux pour ne plus le voir, et soudain, tous les carreaux de la serre ont volé en éclats. J'eus tellement peur que je m'agenouillai, les bras au-dessus de la tête pour me protéger. Je vis alors l'homme disparaitre quelque part derrière la maison.

Pendant tout ce temps, Blanche et Léopold n'avaient pas bougé. Ils fixaient la serre, le regard infiniment perçant.

– Tu crois qu'il est parti pour de bon ? demanda Léopold à sa sœur. Tu crois que cette fois-ci il va nous laisser tranquilles ?

– J'espère bien Léopold, sinon… Sinon il faudra aller jusqu'au bout. (Blanche tourna sa tête vers moi. Elle paraissait à bout de forces, et en même temps on aurait dit qu'elle partait en guerre.) Et ce sera à toi, Simon, de nous sortir de là !

Qu'est-ce que Blanche voulait dire ? Pourquoi chacun de ses mots sonnait à mes oreilles comme une terrible menace ?

Pourquoi Blanche est-elle si mystérieuse ?

Tu le découvriras rapidement en faisant cet exercice.
Au moment où tous les carreaux de la serre ont explosé, certains éclats de verre ont jailli jusqu'à

$16 + \frac{9}{10} + \frac{5}{100}$ m.

Retrouve le nombre décimal qui est ainsi décomposé :

a. 16,095 m → **Lis le n° 16.**
b. 16,95 m → **Lis le n° 12.**

mémo 12 mémo 13

9

Non, Louis-Philippe a dirigé la France de 1830 à 1848.

→ Recommence l'exercice du n° 6.

10

Attention, le pourcentage ne se calcule pas comme une soustraction. Tu dois multiplier 480 par 85 puis diviser par 100.

→ Refais l'exercice du n° 15.

11

Tu t'es trompé(e) ! Le sujet répond à la question « qui est-ce qui… ? ». Or, dans la phrase, le sujet est *je*.

→ Recommence l'exercice du n° 4.

12

Dans la panique, ma bougie s'était éteinte. Je la rallumai, tremblant comme une feuille.

– On était venu pour inspecter le puits. Regarde donc au fond ! dit Blanche sur un ton imperturbable.

Je grimpai alors sur la margelle.

– Alors ? me demanda Léopold.

– Rien. Il fait trop noir.

– J'ai une idée ! s'écria Blanche. On va remonter le seau, et là on verra bien !

Je me mis donc à tirer sur la chaine. Je reconnus aussitôt le cliquetis que j'avais entendu peu de temps avant. Ce cliquetis de maillons en fer. Je tirai encore et encore. C'était lourd. C'est sûr, le seau contenait quelque chose. Malgré la peur, j'avais hâte de découvrir ce qui sommeillait dans l'eau croupie. Et puis, soudain, alors que j'y étais presque, j'eus cette pensée macabre : et si au bout de ma chaine dansait un cadavre ? Je lâchai tout. La chaine se déroula dans un grand fracas, on entendit le seau cogner contre les parois et finir sa course au fond du puits.

– Qu'est-ce qui t'a pris ? demanda Blanche.

Je n'eus pas le temps de répondre. Léopold s'exclama :

– Vous avez entendu ? Vous avez entendu ce bruit, comme un bruit de pièces ?

Je n'avais rien entendu du tout, mais cette nouvelle semblait remplir de joie Blanche et Léopold.

– Allez, allez Simon ! Remets-toi vite au travail.

Je fis donc remonter le seau, et cette fois-là fut la bonne…

Qu'y a-t-il dans le seau ?

Pour connaitre la suite, réponds à la question.
Pourquoi Simon a-t-il lâché le seau brutalement ?

a. Parce que le seau était trop lourd → **Lis le n° 19.**
b. Parce qu'il s'est imaginé qu'il pouvait y avoir un corps au bout de la chaine → **Lis le n° 15.**
c. Parce que Blanche le lui a demandé → **Lis le n° 17.**

13 

Tu t'es trompé(e) : la phrase ne se termine pas par un point d'interrogation.

→ Retourne à l'exercice du n° 20.

14

Tu t'es trompé(e) ! Il y a en effet un point d'exclamation mais il n'y a pas de sujet exprimé.

→ Refais l'exercice du n° 20.

15

Un sac rempli de pièces d'or ! Un sac en toile de jute avec pour seule inscription les initiales NBF.

– Qu'allons-nous faire de tout ça ? demandai-je.

– Gardons tout ! proposa Léopold.

– Mais cet or n'est pas à nous ! répondis-je. On ferait mieux de le remettre au fond du puits et de prévenir la police !

– Non, débarrassons-nous en ! dit soudain Blanche. Détruisons-le et nous serons enfin tranquilles !

– Qu'est-ce que tu racontes ? C'est de l'or, ça vaut une fortune !

Blanche et Léopold me regardaient, stupéfaits.

– Faites-moi confiance, leur dis-je. On va laisser l'or au fond du puits, c'est la meilleure cachette !

– Oui, mais l'homme va revenir le chercher !

– Bien sûr qu'il va revenir le chercher ! Sauf que le cliquetis de la chaine nous préviendra. Cling-cling, souvenez-vous ! Et là, on interviendra, croyez-moi !

Je jubilai. Je venais de comprendre que l'homme

avait caché son trésor au fond du puits et qu'il jouait aux fantômes pour nous faire peur. Il attendait qu'on déguerpisse pour repêcher son magot. Sauf que nous l'en empêcherions. Je redescendis l'or au fond du puits. Nous nous dirigeâmes ensuite vers la maison, par-derrière. Là, je découvris avec stupeur que le premier étage donnait sur un balcon bien trop minuscule pour qu'un être en chair et en os puisse y tenir. À moins d'être incroyablement fort !

Qui est donc cet homme ?

Pour en savoir plus, résous ce petit problème.
Dans le seau, il y a 480 pièces en tout.
85 % sont en or et 15 % en argent.
Combien y en a-t-il exactement en or et en argent ?

a. Or : 408 et argent : 72 → **Lis le n° 20**.
b. Or : 395 et argent : 85 → **Lis le n° 10**.

mémo 14

16

Attention, $\frac{9}{10}$ sont des dixièmes et $\frac{5}{100}$ sont des centièmes.

→ Refais l'exercice du n° 8.

17

Faux ! Relis ce passage pour bien comprendre la suite de l'histoire. → Retourne à la question du n° 12.

18

Léopold nous attendait près de la maison. J'avais toujours le pistolet à la main. C'était lourd, j'étais fatigué. L'euphorie qui avait suivi la découverte des pièces d'or retombait. J'abandonnai tout élan de justicier car ce qui comptait, c'était que l'on reste en vie. Mais comment savoir où nous avions le plus de chance de nous en sortir ? dans la forêt ? dans la maison ? Il fallait décider, et vite. Je demandai leur avis à Blanche et Léopold.

– Qu'irions-nous faire dans la forêt ? Je te rappelle que le pont est tombé et qu'on ne peut plus traverser la rivière ! s'écria Blanche. Et puis… (Elle regarda son frère – avec des yeux graves et sombres –, fit une pause.) Et puis, impossible d'abandonner la maison à cet homme. Il faut en finir avec lui ! Mais je t'en prie Simon, reste avec nous ! Sans toi, nous sommes perdus ! À tout jamais perdus !

Je ne savais plus quoi faire. Blanche ouvrait déjà la porte d'entrée !

– Attendez, réfléchissons ensemble ! dis-je pour gagner du temps. C'est vrai que le pont est tombé, mais nous pouvons peut-être trouver un autre chemin jusqu'au village.

– On va juste prendre le risque de se perdre encore une fois et maintenant il fait nuit noire, dit Léopold.

– Oui, mais que préférez-vous, la forêt ou ce… cet homme ? Il est là à rôder et à nous traquer. Si nous restons, nous serons pris au piège, faits comme des rats. Alors que dehors…

– Alors que dehors, quoi ? demanda Blanche en colère. Dehors, il peut nous suivre de la même manière. La vérité, poursuivit-elle, c'est qu'il n'y a pas de bonne solution. D'un côté, la forêt, et de l'autre, la maison. Je choisis la maison.

– Moi aussi ! fit Léopold en souriant à sa sœur.

Alors, pour le meilleur ou pour le pire, Blanche ouvrit la porte de la maison.

Blanche a-t-elle fait le bon choix ?

Pour percer ce mystère, réponds à cette question.
Que décident les enfants pour fuir le danger ?

- De rentrer dans la maison.
- De traverser la rivière.

Recopie ta réponse :

....

C'est ton TROISIÈME INDICE. N'oublie pas de le noter sur ta page-indices p. 93.

Maintenant → Lis le chapitre 4 pour connaitre la suite de l'histoire.

19 

Tu t'es trompé(e) ! Pour bien comprendre la suite de l'histoire → Retourne à la question du n° 12 et relis ce passage.

20 

Je frissonnai à nouveau. La tempête s'était pourtant calmée. Mais j'avais de plus en plus peur. Qui était donc cet homme ? Je plaquai ma main contre la poche de mon pantalon. Le pistolet n'y était plus ! J'avais dû le laisser tomber près du puits. Il fallait à tout prix que je le retrouve ! « Attendez-moi, dis-je à Blanche et Léopold, je reviens ! » J'allai fouiller autour du puits, mais je ne trouvai rien. Je grimpai sur la margelle quand une pression sur mon épaule faillit m'entrainer dans le vide. C'était Blanche. Comme à chaque fois, elle arrivait par surprise.

– Tu m'as fait peur !

– Allez, fit-elle, ne restons pas là.

– Mais j'ai perdu le pistolet !

– Là, fit-elle.

Le pistolet était à mes pieds. Je n'en revenais pas.

– Je ne comprends pas… dis-je abasourdi. Ça fait une heure que je cherche, et toi, tu… tu…

– Ces choses-là arrivent, me dit-elle simplement.

Je ramassai le pistolet.

– Allez, viens Simon, ajouta Blanche, suis-moi !

Je la regardai, impressionné. Elle était belle, quoique lointaine et infiniment secrète. Elle ne laissait pas deviner qui elle était. Moi, j'étais Simon, épuisé, hagard, l'esprit halluciné. Mais elle, Blanche, qui était-elle vraiment ?

Qui est vraiment cette jeune fille ?

Aide Simon à le découvrir en observant la dernière phrase que prononce Blanche dans ce paragraphe.

Il s'agit d'une phrase :

a. interrogative
b. exclamative
c. injonctive

Si tu as répondu a. → Lis le n° 13.
Si tu as répondu b. → Lis le n° 14.
Si tu as répondu c. → Lis le n° 18.

mémo 7

4 La malédiction

1

La première chose qui me frappa lorsque nous entrâmes dans la maison fut à nouveau cette odeur de moisi. Je n'arrivais pas à m'y habituer. Je ne savais pas d'où cela venait, mais c'était entêtant. « Vous ne sentez rien ? » demandai-je à Blanche et à Léopold. Ils firent non de la tête. Peut-être attachais-je trop d'importance à d'inutiles détails ? Peut-être perdais-je la raison ? J'en étais à me poser ces questions quand, sous l'évier, je vis du sang s'écouler d'un sac.

– Oh mon Dieu ! criai-je.

J'étais à bout de nerfs. Je n'osais plus regarder. Je n'osais plus bouger. Léopold saisit alors le sac. Affolé, je guettai ses réactions et j'étais déjà prêt à bondir hors de la maison.

– Tu aimes les omelettes ? demanda soudain Léopold.

– Quoi ? Quoi ? (J'avais tellement peur que j'en bégayai.) Quoi ? Hein ?

– Les omelettes, ça te dit ?

Léopold renversa alors le sac sur la table. Pas de bras ou de pied sanguinolent, juste des mures baignant dans leur jus. Et des champignons. Je compris alors d'où venait l'odeur. Ces champignons avaient dû être ramassés puis oubliés dans la maison. Oui mais… par qui ?

Qui a bien pu oublier ces champignons ?

Pour savoir si les nerfs de Simon vont résister, peux-tu dire, parmi ces expressions contenant le mot *nerf*, laquelle n'existe pas ?

a. Avoir des nerfs d'acier → **Lis le n° 5.**

b. Avoir les nerfs à fleur de peau → **Lis le n° 6.**

c. Être un vrai bloc de nerfs → **Lis le n° 7.**

2

Tu as peut-être oublié le quadrilatère qui contient tous les autres, ou celui qui contient les 3 triangles.

→ Refais l'exercice du n° 7.

3

Faux ! Un nombre multiplié par 100 prend 2 zéros à sa droite, on retombe bien sur la somme indiquée dans le journal (5 000 000).

→ Refais l'exercice du n° 4.

4

Le silence s'installa. L'homme devait nous croire encore dans la forêt et nous attendait. Nous ne bougions pas pour ne pas éveiller ses soupçons. Soudain, Léopold murmura : « Hé, regardez ! » Il tenait un vieux

morceau de journal tout jauni. Dans le noir, nous n'arrivions pas à déchiffrer quoi que ce soit. Heureusement, au fond de ma poche, se trouvait la boite d'allumettes. Sous la petite flamme, je lus :

La Nouvelle Banque de France dévalisée

Mardi 27 aout, la NBF (Nouvelle Banque de France) a été dévalisée. Malgré l'intervention rapide de la police, l'homme a réussi à s'enfuir, emportant avec lui un sac de pièces d'or d'une valeur de cinq-millions de francs. Un témoin du cambriolage raconte que l'homme portait un chapeau et un monocle et qu'il était armé. Le 28 aout, deux enfants auraient vu rôder un homme louche dans la forêt de Malentour. L'enquête suit son cours. En attendant, habitants de Malentour, soyez prudents !

– C'est notre homme ! m'écriai-je.

On tenait enfin une explication, quelque chose qui donnait un peu de sens à toute cette histoire. Et puis, alors que je repliais soigneusement le journal, je découvris tout en haut de la page cette date : *jeudi 29 aout 1865.*

– Quoi ? m'étranglai-je.

Blanche m'arracha brutalement le journal des mains.

– Rends-le-moi ! Rends-moi ça tout de suite !

Tout alla très vite ensuite, Léopold gratta une allumette et Blanche mit le feu au journal. Peu importe, je me souvenais de l'article par cœur. Pour autant, je n'arrivais pas à croire à la date que je venais de lire. Comment tout cela était-il possible ?

Pour quelles raisons étranges Blanche et Léopold ont-ils brulé le journal ?

Pour découvrir la suite de l'histoire, réponds à cette question.
Quelle est la seule écriture de cinq-millions de francs qui soit fausse ?

a. $50\,000 \times 100$ **b.** $(50 \times 100\,000)$ **c.** $500 \times 100\,000$

Si tu as répondu a. → Lis le n° 3.
Si tu as répondu b. → Lis le n° 18.
Si tu as répondu c. → Lis le n° 9.

mémo 11

5

Faux ! Cette expression existe et signifie « avoir beaucoup de sang-froid ».

→ Refais l'exercice du n° 1.

6

Faux ! Cette expression existe et signifie « être très énervé, irrité, en colère ».

→ Recommence l'exercice du n° 1.

7

Je n'eus pas le temps de me poser la question bien longtemps. Des pas approchaient. Quelqu'un était là, juste derrière la porte. Qu'allions-nous devenir ? Soudain, Blanche murmura : « Suis-moi. Nous allons descendre à la cave. N'aie pas peur. » Le cauchemar ne s'arrêtait pas ! J'aurais voulu me réveiller avec mes parents à mes côtés. Mais ce n'était pas un rêve ! Quelqu'un, tapi dans l'ombre, nous voulait du mal. La poignée de la porte s'abaissait déjà. Je n'arrivais plus à bouger. « Dépêche-toi ! » supplia Blanche. Et alors je réunis tout ce qui me restait de force pour la suivre. Sous l'escalier qui menait aux chambres, une porte minuscule. Quelques marches plus bas, nous étions dans la cave. Au-dessus de nos têtes, un homme marchait. Il était bel et bien rentré dans la maison ! Nous retenions notre souffle. Les pas lourds faisaient craquer la vieille voute et des poussières de ciment tombaient des murs. Je me souviens avoir pensé : « Que tout s'effondre ! J'en ai assez ! Qu'on en finisse ! » Les pas résonnaient toujours au-dessus de nous. Un rythme lent, régulier, qui tendait mes nerfs. Qu'une personne, à quelques mètres de là, scrute l'obscurité pour nous trouver donnait l'impression d'être des biches dans une chasse à courre. « On n'a aucune chance de s'en sortir ! » ai-je pensé. Et puis les pas s'arrêtèrent. Le calme revint. L'homme abandonnait-il ses recherches ?

Y a-t-il réellement quelqu'un qui guette Simon ?

Avant de poursuivre cette aventure haletante, trouve le nombre de quadrilatères et de triangles dessinés sur le plan.

a. 8 quadrilatères et 8 triangles

b. 7 quadrilatères et 8 triangles

Si tu as trouvé a. → Lis le n° 4.
Si tu as trouvé b. → Lis le n° 2.

mémo 17

8

Faux ! Ces verbes sont conjugués à l'imparfait (-*ait*).

→ Refais l'exercice du n° 14.

9

Blanche et Léopold étaient accroupis contre le mur. Ils se donnaient la main, l'air hagard. Je voulais comprendre. J'essayais de mettre de l'ordre dans toute cette histoire. Mes parents m'avaient toujours répété que rien ne résistait à l'analyse et à la réflexion. Alors, je me mis à cogiter comme un fou. Je parlais tout haut. Je voulais enfin savoir. Récapitulons : la Nouvelle Banque de France, la NBF comme les initiales sur le sac au fond du puits, est cambriolée, le voleur s'enfuit avec un sac rempli de pièces d'or, il cherche ensuite à se cacher et à cacher son butin, il trouve refuge dans la forêt de Malentour, deux enfants le repèrent et… et… que se passe-t-il ensuite ? Mais tout ça ne tient pas debout, le cambriolage a eu lieu en 1865 ! Notre homme aurait aujourd'hui plus de 150 ans ! Je ne comprenais rien ! Je ne comprenais plus rien ! Que s'était-il passé ? Que s'était-il donc passé ?

Des larmes coulaient sur ma joue. Blanche s'approcha de moi, tout en douceur, sans faire de bruit.

– L'homme s'est caché un temps dans cette cave.

Puis les enfants, les enfants de Malentour, l'ont découvert. L'homme a pris peur. Il les a assassinés. Une balle en plein cœur. C'est tout.

Je tremblai comme une feuille morte. Se pouvait-il que… que… ?

Quelle effrayante pensée vient de traverser l'esprit de Simon ?

Réponds à la question pour connaitre la suite.
Dans la phrase en bleu dans le texte, « les » se rapporte aux :

a. 3 héros **b.** 2 enfants de Malentour

Si tu as répondu a. → Lis le n° 11.
Si tu as répondu b. → Lis le n° 14.

10

Tu t'es trompé(e) : le charbon est un minéral utilisé pour produire de la chaleur.

→ Recommence l'exercice du n° 16.

11

Faux ! Relis bien le paragraphe pour savoir de qui l'on parle.

→ Refais l'exercice du n° 9.

12

Je me jetai à terre, juste derrière une rangée d'arbres. Blanche et Léopold restaient debout, comme paralysés. Des balles sifflaient tout près d'eux sans jamais les atteindre.

– Couchez-vous ! leur criai-je. COUCHEZ-VOUS !

Ils s'allongèrent alors près de moi, à l'abri eux aussi.

– Simon, me dit Blanche d'une voix grave, tu dois nous aider. Tu dois bruler la maison pour briser la malédiction.

– Quoi ? Qu'est-ce que tu racontes ? demandai-je, complètement abasourdi.

Les tirs n'avaient pas cessé. L'homme mitraillait comme un fou, à l'aveugle.

– Je n'ai pas le temps de tout te raconter, reprit Blanche, mais je t'en prie, crois-moi Simon. Chaque nuit, cet homme revient pour son or. Chaque nuit, le cauchemar recommence.

– Mais pourquoi bruler la maison alors ?

– Parce que c'est là qu'il est mort et c'est là qu'est son domaine. Pour qu'il disparaisse définitivement, il faut anéantir son domaine ! Il n'y a que le feu pour ça !

Les tirs s'arrêtèrent alors.

– Il faut agir maintenant ! Et vite ! ordonna Blanche.

– Pourquoi est-ce à moi de bruler la maison ? Pourquoi pas vous ?

– La serre est notre domaine, répondirent-ils.

Je n'ai jamais pu oublier leur voix à cet instant. Et je compris alors que je n'avais pas le choix…

Simon va-t-il vraiment faire bruler la maison ?

Pourquoi Simon doit-il prendre cette terrible décision ?
Tu le sauras en découvrant cette charade.
Parce qu'il doit rompre...

Mon premier est le féminin du premier mot de cette phrase.
Mon deuxième est un article défini.
Mon troisième est la 1re syllabe du mot *dictionnaire*.
Mon quatrième est la forme conjuguée au présent du verbe *scier* à la 1re personne du pluriel.
Mon tout est ce que Simon doit combattre.

Écris ta réponse :

C'est ton QUATRIÈME INDICE. N'oublie pas de le noter sur ta page-indices p. 93.

Maintenant → Lis le n° 20 pour poursuivre l'histoire.

13

Tu t'es trompé(e) car le mot *route* est bien un synonyme du mot *voie*.

→ Refais l'exercice du n° 20.

14

D'un seul coup, je réalisai que si cet homme s'était caché dans cette cave, c'est qu'il en connaissait l'existence. Il fallait donc nous enfuir !

Trop tard ! Le bruit des pas résonna à nouveau. Nous ne respirions plus. Puis les pas s'éloignèrent en direction de la porte d'entrée. Le souffle court, les mains appuyées sur notre bouche pour ne pas hurler, nous attendions. La porte d'entrée s'ouvrit. L'homme sortit. Nous étions sains et saufs ! Et puis soudain, l'homme fit demi-tour et se dirigea du côté de la cave.

– Passons par le soupirail ! murmura Léopold.

La porte de la cave s'ouvrit alors. Mon cœur battait à tout rompre. Le temps que je me retourne, Blanche et Léopold étaient déjà passés à travers la petite ouverture, comme des ombres. J'eus plus de difficultés. Je n'arrivais pas à faire passer ma taille. Ça coinçait, ça coinçait, et l'homme approchait ! Mon pistolet tomba à nouveau. Je n'avais pas le temps de le récupérer.

Il fallait juste que je sorte ! Dehors, Blanche s'agenouilla devant le soupirail. Elle me regarda fixement, de ce même regard qu'elle avait eu quand la serre avait volé en éclats, et comme si quelqu'un m'avait tiré avec une force incroyable, je parvins à m'extraire. Nous nous mîmes à courir, éperdus. L'homme apparut soudain, le pistolet à la main.

Comment les trois enfants vont-ils sortir de cet enfer ?

Aide nos héros à trouver une solution en observant les verbes ci-dessous. Quels sont ceux qui sont conjugués au passé simple ?

a. résonna – s'éloignèrent – s'ouvrit – fit

b. fallait – connaissait – battait – coinçait

Si tu as choisi a. → Lis le n° 12.
Si tu as choisi b. → Lis le n° 8.

mémo 8

15

Faux ! On utilise le pétrole pour produire de la chaleur.

→ Refais l'exercice du n° 16.

16

Pas de doute, c'étaient bien eux. Mon cœur se serra d'un seul coup, une douleur aigüe, un coup de poignard. Et puis je l'entendis monter les escaliers. Alors, je ne pensai plus à rien. Je vidai le pétrole de la lampe sur les draps de soie et craquai une allumette. Le feu prit immédiatement. De longues flammes bleues et orange. J'ouvris la fenêtre pour sauter. Le vent s'engouffra et attisa les flammes. Quand le feu commença à bruler le portrait de Blanche et Léopold,

je fermai les yeux. Je fermai les yeux et sautai. En quelques secondes, le feu gagna toute la maison. Bientôt, ce ne fut qu'un immense brasier. Je m'apprêtais à partir à la recherche de Blanche et de Léopold quand j'entendis une voix derrière moi.

– Ça va, petit ? (C'était le garde-forestier.) Je t'avais pourtant bien dit de rentrer chez toi ! Avec le vent, les feux de forêt sont une vraie malédiction ! Tu me diras, cette baraque avait fait son temps ! Mais… mais ça va, petit ?

– Où sont mes amis ? Où sont-ils ?

– Quels amis ?

– Blanche et Léopold !

Le garde me dévisagea, amusé :

– Ne me dis pas que tu les cherches encore ! Tu dois être épuisé mon pauvre bonhomme ! Ne reste pas là, c'est dangereux ! Et puis tu vois bien qu'il n'y a personne !

Il balayait l'espace d'un geste de la main. À ce moment-là, je découvris le puits en feu. Des flammes comme je n'en avais jamais vu. Rouges, longues, touchant le ciel. Et puis, plus loin, dans la serre, je vis… je vis une pluie de roses blanches.

Que sont devenus Blanche et Léopold ?

Quel suspense ! Encore quelques minutes et tu sauras tout ! Mais avant, trouve le seul de ces produits dont l'industrie ne se sert pas comme combustible.

a. Le pétrole → **Lis le n° 15.**
b. Le charbon → **Lis le n° 10.**
c. Le gaz → **Lis le n° 19.**
d. Le papier → **Lis le n° 21.**

17

Non ! Le mot *chemin* est bien un synonyme du mot *voie*.

→ Refais l'exercice du n° 20.

18

Compte bien le nombre de zéros en tout : il y en a bien 6, ce qui fait 5 millions (5 000 000).

→ Recommence l'exercice du n° 4.

19

Faux : le gaz sert à produire de la chaleur.

→ Refais l'exercice du n° 16.

20

Je me frayai un petit chemin entre les arbres, sur le côté. J'essayai de faire le moins de bruit possible.

L'homme était parti en direction du puits. La voie était libre. Je courus droit à la maison. Montai les escaliers quatre à quatre. Fouillai la pièce où nous étions déjà allés. Rien, je ne trouvai rien. Rien qui puisse mettre le feu à cette maudite baraque ! J'essayai alors d'entrer dans la seconde pièce. Impossible, le verrou résistait. J'allais abandonner quand j'entendis du bruit en bas. Je donnai alors un violent coup d'épaule et la porte s'ouvrit enfin. Mes yeux s'étaient habitués au noir. Je pouvais voir que la pièce était assez grande. C'était une chambre, une chambre avec deux lits d'enfant. Sur la table, entre les deux lits, était posée une lampe à pétrole. Mon sang ne fit qu'un tour ! J'allais pouvoir tout bruler. Et c'est là, au moment où

je saisis la lampe, que je découvris deux portraits au mur. Malgré l'obscurité, je les reconnus tout de suite. Blanche et Léopold !

Que signifient ces portraits de Blanche et Léopold ?

Pour le découvrir, observe la phrase en bleu dans le texte. Quel est l'intrus dans cette série de synonymes du mot « voie » ?

a. voix **b.** route **c.** chemin

Si tu as répondu a. → Lis le n° 16.
Si tu as répondu b. → Lis le n° 13.
Si tu as répondu c. → Lis le n° 17.

mémo 10

21

Ici se termine mon récit. Il me reste pourtant à dire que les jours qui suivirent, je restai dans mon lit, perdu dans mes pensées et mes rêves. Tout se mélangeait. Parfois, je me réveillais en sursaut et je criais : « Blanche ! Blanche ! » Pour chacun, il fut admis que j'étais en état de choc et que je délirais. À bout de forces, je fis semblant de croire moi aussi que j'avais tout imaginé, Blanche et son petit frère Léopold. Troublés par toute cette histoire, mes parents déménagèrent rapidement.

Le temps passa. Je n'oubliais pas. Plus tard, bien plus tard, je fis des recherches dans une bibliothèque. Dans un journal de 1865, *La Gazette de Malentour*, je découvris ce que je pressentais depuis si longtemps. L'homme qui avait dévalisé la Nouvelle Banque de France s'était caché dans la forêt de Malentour. Pour leur malheur, deux enfants le surprirent. Blanche et Léopold White, âgés respectivement de 11 et 8 ans. L'homme n'hésita pas, il les tua tous les deux. Une balle en plein cœur. Les gendarmes qui étaient sur la piste de Malentour arrivèrent peu de temps après. Le criminel fut abattu. Pendant longtemps, on se demanda où l'or était caché. On ne trouva pas. Les enfants et l'homme étaient morts en emportant avec eux ce secret. Blanche et Léopold furent enterrés dans la serre. Brisés par le chagrin, les époux White abandonnèrent leur belle demeure et partirent pour l'Amérique où l'on n'entendit plus jamais parler d'eux. Voilà, c'est tout ce que je sais. Blanche et Léopold m'avaient choisi pour leur venir en aide. Une nuit de tempête, des années plus tard, Blanche m'est apparue. Était-ce un rêve ? Je ne saurais le dire… Elle s'est approchée de moi avec un sourire infiniment tranquille. Elle m'a expliqué que, pour briser la malédiction, son frère et elle avaient eu besoin de moi. Tant que ce fantôme malfaisant cherchait son or, leur maison était hantée. Et leur âme ne pouvait reposer en paix… Le seul moyen de mettre fin au maléfice était de bruler la maison où le criminel avait péri. Eux, fantômes, ne pouvaient le faire, ils pouvaient juste me choisir, moi, Simon, un garçon plutôt ordinaire, mais un garçon bien vivant. Blanche était venue me dire merci. J'allumai ma lampe de chevet pour être sûr de ne pas rêver, Blanche avait déjà disparu. Je ne l'ai plus jamais revue. Certaines nuits, j'entends pourtant d'étranges bruits. Je me lève et murmure : « Blanche ? Blanche ? Léopold ? » Ils ne me répondent pas. Peut-être sont-ils encore là, tout près de moi… « Blanche ? Léopold ? »

FIN

Bravo ! Et puisque tu es allé(e) jusqu'au bout de cette aventure et de ses exercices, nous te proposons de nous envoyer, sur le site www.lenigme.com, la liste des indices que tu as écrits page 93, et tu pourras télécharger des surprises !

À bientôt pour une nouvelle aventure !

Mémo

Pour t'aider à faire tes exercices

Français

Maths

Grammaire

1 Le sujet du verbe

Le verbe s'accorde **en personne et en nombre** avec son sujet.
Pour trouver le sujet d'un verbe, on répond à la question : « **qu'est-ce qui** + verbe ? »

Je rallumai ma bougie. → Qui est-ce qui rallumait la bougie ?
→ *je*, sujet de *rallumai*.

2 Les compléments

On distingue plusieurs types de compléments.

- **Les compléments du verbe**

Ils complètent un verbe :

– c'est un nom, groupe nominal ou pronom personnel placé directement derrière un verbe **(complément d'objet direct)**.
J'aperçus ***une serre***.
– c'est un nom, groupe nominal ou pronom personnel placé derrière un verbe construit avec « à » ou « de » **(complément d'objet indirect)**. *Il veut téléphoner* ***à ses parents***.

- **Les compléments de phrase**

Dans une phrase, les compléments que l'on peut supprimer ou déplacer sans changer le sens de la phrase sont des compléments de phrase.
Ils répondent aux questions suivantes :

– Où ? complément de phrase indiquant **le lieu**.
– Quand ? complément de phrase indiquant **le temps**.
– Comment ? complément de phrase indiquant **la manière**.
– Pourquoi ? complément de phrase indiquant **la cause**.

Les compléments de phrase sont souvent construits avec une préposition :

– lieu : *à, chez, dans, devant, derrière, entre, jusqu'à...*
– temps : *à, avant de, depuis, dès, pendant...*
– cause : *de, à cause de, en raison de, grâce à...*
– manière : *avec, de, en, par...*

- **Le complément du nom**

Nom, groupe nominal ou groupe nominal prépositionnel, le complément du nom vient compléter un nom ou un groupe nominal.
la sœur ***de Léopold*** *; une bâtisse* ***en pierre*** *; des gants* ***en cuir***

3 L'attribut du sujet

Il s'agit de la fonction d'un adjectif séparé du sujet par un verbe attributif (dit verbe d'état) : *être, paraitre, sembler, demeurer, rester, devenir, avoir l'air, passer pour...*

*Il est **inquiet**. Tu sembles **malade**. Ils deviennent **pâles**.*

4 Les pronoms personnels

Les pronoms personnels remplacent le groupe nominal.
Ils ont les mêmes fonctions :

*Un homme **nous** regardait* (*nous* = Blanche et Simon = complément du verbe).

***Il** nous regardait* (sujet).

Pronoms personnels sujet	Pronoms personnels compl. du verbe (COD)	Pronoms personnels compl. du verbe (COI)
je, tu, il, elle, on	me, te, le, la, se, en	me, moi, te, toi, lui, elle, se, soi,
nous, vous, ils, elles	nous, vous, les, se, en	nous, vous, leur, eux, elles, en, y

5 Les prépositions

Les prépositions sont des mots invariables. Elles ont pour rôle de relier un complément au nom, à l'adjectif ou au verbe : *à, de, en, pour, sur, sans, sous, chez, depuis, devant, derrière, entre, à cause de, au-dessus de, loin de...*

*C'est **à** ce moment-là que j'entendis des bruits **dans** l'escalier.*

6 Les adverbes

Les adverbes sont des mots invariables. Ils **modifient le sens** des verbes, d'adjectifs ou même d'autres adverbes qu'ils accompagnent : *très, peu, beaucoup, plutôt, plus, moins, aussi, volontiers, toujours, jamais...*

***Autrefois**, j'étais un garçon insouciant.*

7 Les types de phrases

On distingue quatre types de phrases :

– les phrases **déclaratives** dans lesquelles on délivre une information : *Le pistolet était à mes pieds*.

– les phrases **interrogatives** dans lesquelles on pose une question : *Que faisions-nous dans cette forêt ?*

– les phrases **injonctives** ou **impératives** qui donnent un ordre, un conseil, une prière : *Taisez-vous !*

– les phrases **exclamatives** dans lesquelles on exprime un sentiment, une sensation : *Quel bruit étrange !*

Conjugaison

8 Les temps simples de l'indicatif

- **Le présent**

La conjugaison des verbes en *-er* (sauf *aller*) et en *-ir* (*-issons*) est toujours identique.

-er → *-e, -es, -e, -ons, -ez, -ent*

-ir → *-is, -is, -it, -issons, -issez, -issent*

Pour les autres verbes :

-re	*faire* *dire*	*je fais, tu fais, il fait, nous faisons, vous faites, ils font* *je dis, tu dis, il dit, nous disons, vous dites, ils disent*
-dre	*prendre*	*je prends, tu prends, il prend, nous prenons, vous prenez, ils prennent*
-oir	*pouvoir* *vouloir*	*je peux, tu peux, il peut, nous pouvons, vous pouvez, ils peuvent* *je veux, tu veux, il veut, nous voulons, vous voulez, ils veulent*
	voir *devoir*	*je vois, tu vois, il voit, nous voyons, vous voyez, ils voient* *je dois, tu dois, il doit, nous devons, vous devez, ils doivent*
	être *avoir* *aller*	*je suis, tu es, il est, nous sommes, vous êtes, ils sont* *j'ai, tu as, il a, nous avons, vous avez, ils ont* *je vais, tu vas, il va, nous allons, vous allez, ils vont*

- **Le futur**

Le futur se construit avec l'infinitif du verbe auquel on ajoute les terminaisons du futur : **-ai**, **-as**, **-a**, **-ons**, **-ez**, **-ont.**

-er	*jouer*	*je jouerai, tu joueras, il jouera, nous jouerons, vous jouerez, ils joueront*
-ir	*finir*	*je finirai, tu finiras, il finira, nous finirons, vous finirez, ils finiront*
-re	*faire* *dire*	*je ferai, tu feras, il fera, nous ferons, vous ferez, ils feront* *je dirai, tu diras, il dira, nous dirons, vous direz, ils diront*
-dre	*prendre*	*je prendrai, tu prendras, il prendra, nous prendrons, vous prendrez, ils prendront*
-oir	*pouvoir* *vouloir*	*je pourrai, tu pourras, il pourra, nous pourrons, vous pourrez, ils pourront* *je voudrai, tu voudras, il voudra, nous voudrons, vous voudrez, ils voudront*
	voir *devoir*	*je verrai, tu verras, il verra, nous verrons, vous verrez, ils verront* *je devrai, tu devras, il devra, nous devrons, vous devrez, ils devront*
	être *avoir* *aller*	*je serai, tu seras, il sera, nous serons, vous serez, ils seront* *j'aurai, tu auras, il aura, nous aurons, vous aurez, ils auront* *j'irai, tu iras, il ira, nous irons, vous irez, ils iront*

- **L'imparfait**

Les terminaisons de l'imparfait sont : **-ais**, **-ais**, **-ait**, **-ions**, **-iez**, **-aient.**

-er	*jouer*	*je jouais, tu jouais, il jouait, nous jouions, vous jouiez, ils jouaient*
-ir	*finir*	*je finissais, tu finissais, il finissait, nous finissions, vous finissiez, ils finissaient*
-re	*faire* *dire*	*je faisais, tu faisais, il faisait, nous faisions, vous faisiez, ils faisaient* *je disais, tu disais, il disait, nous disions, vous disiez, ils disaient*

-dre	*prendre*	*je prenais, tu prenais, il prenait, nous prenions, vous preniez, ils prenaient*
-oir	*pouvoir* *vouloir*	*je pouvais, tu pouvais, il pouvait, nous pouvions, vous pouviez, ils pouvaient* *je voulais, tu voulais, il voulait, nous voulions, vous vouliez, ils voulaient*
	voir *devoir*	*je voyais, tu voyais, il voyait, nous voyions, vous voyiez, ils voyaient* *je devais, tu devais, il devait, nous devions, vous deviez, ils devaient*
	être *avoir* *aller*	*j'étais, tu étais, il était, nous étions, vous étiez, ils étaient* *j'avais, tu avais, il avait, nous avions, vous aviez, ils avaient* *j'allais, tu allais, il allait, nous allions, vous alliez, ils allaient*

- **Le passé simple**

À la 3e personne du singulier et du pluriel, voici les conjugaisons :

-er*	*jouer*	*il joua, ils jouèrent*
-ir**	*finir*	*il finit, ils finirent*
-re	*faire* *dire*	*il fit, ils firent* *il dit, ils dirent*
-dre	*prendre*	*il prit, ils prirent*
-oir	*pouvoir* *vouloir*	*il put, ils purent* *il voulut, ils voulurent*
	voir *devoir*	*il vit, ils virent* *il dut, ils durent*
	être *avoir* *aller*	*il fut, ils furent* *il eut, ils eurent* *il alla, ils allèrent*

* sauf *aller*

** terminaison en *-issons* à la 1re pers. du pluriel au présent

9 Le passé composé

Pour conjuguer un verbe au passé composé, on utilise *être* ou *avoir* (conjugué au présent) auquel s'ajoute le participe passé du verbe.

jouer → *j'ai joué*	*finir* → *j'ai fini*	*faire* → *j'ai fait*
dire → *j'ai dit*	*prendre* → *j'ai pris*	*pouvoir* → *j'ai pu*
vouloir → *j'ai voulu*	*voir* → *j'ai vu*	*devoir* → *j'ai dû*
avoir → *j'ai eu*	*être* → *j'ai été*	*aller* → *je suis allé(e)*

Vocabulaire

10 Les synonymes

Les synonymes sont des mots qui ont le même sens, ou presque.

Effrayant et ***terrifiant*** sont synonymes.

Nombres

11 Les grands nombres

Pour écrire un nombre, on utilise des classes, elles-mêmes divisées en trois rangs (unités, dizaines, centaines).
Pour écrire correctement un grand nombre, on sépare d'un espace les chiffres groupés par 3 à partir de la droite.

Classe des milliards			Classe des millions			Classe des mille			Classe des unités simples		
c	d	u	c	d	u	c	d	u	c	d	u
		2	0	6	0	1	8	0	1	3	5

On écrit : 2 060 180 135 (deux-milliards-soixante-millions-cent-quatre-vingt-mille-cent-trente-cinq).
Dans ce nombre, 6 est le ***chiffre*** des dizaines de millions, 3 celui des dizaines. Attention, 206 est le ***nombre*** de dizaines de millions, 206 018 013, le ***nombre*** de dizaines contenues dans ce nombre.

12 Les nombres décimaux

Pour le nombre **321,587**, 321 constitue sa partie entière et 587 sa partie décimale. On peut le lire *trois-cent-vingt-et-un virgule cinq-cent-quatre-vingt-sept* ou *trois-cent-vingt-et-une unités et cinq-cent-quatre-vingt-sept millièmes*.

Partie entière						Partie décimale		
mille			unités simples			dixièmes	centièmes	millièmes
c	d	u	c	d	u			
			3	2	1,	5	8	7

8 est le chiffre des centièmes ; dans ce nombre, il y a 32 158 centièmes.

13 Les fractions

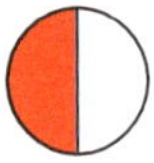
$\frac{1}{2}$: un demi (0,5)

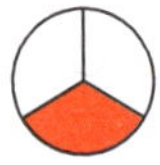
$\frac{1}{3}$: un tiers (≈ 0,33)

$\frac{1}{4}$: un quart (0,25)

$\frac{1}{10}$: un dixième (0,1)

Calculs

14 Les pourcentages

15 % se lit « quinze pour cent ».

S'il y a 15 % de pièces en argent, par exemple, cela veut dire que, sur 100 pièces, 15 sont en argent.

Pour calculer 15 % de 60, on multiplie 60 par 15 et on divise le résultat par 100.

Donc 900 : 100 = 9.

Grandeurs et mesures

15 Unités de mesure

• Les longueurs

Exemple : 65,04 dam = 0,6504 km = 6 504 dm

kilomètre km	hectomètre hm	décamètre dam	mètre m	décimètre dm	centimètre cm	millimètre mm
	6	5 ,	0	4		

• Les masses

Exemple : 56,7 hg = 5 670 g

kilogramme kg	hectogramme hg	décagramme dag	gramme g	décigramme dg	centigramme cg	milligramme mg
5	6 ,	7				

• Les contenances

Exemple : 5,06 L = 0,0506 hL = 506 cL

hectolitre hL	décalitre daL	litre L	décilitre dL	centilitre cL	millilitre mL
		5 ,	0	6	

• Les aires

Exemples : 312,45 dam^2 = 3,1245 hm^2

km^2 kilomètre carré		hm^2 hectomètre carré		dam^2 décamètre carré		m^2 mètre carré		dm^2 décimètre carré	cm^2 centimètre carré	mm^2 millimètre carré
			3	1	2,	4	5			

16 Calcul des durées

1 heure (1 h) = 60 minutes (60 min) ;
1 min = 60 secondes (60 s).
Pour additionner ou soustraire, il faut différencier les unités :

	12 min 38 s
+	52 min 34 s
	64 min 72 s

Sachant que : 72 s = 1 min + 12 s
et 64 min + 1 min = 65 min = 1 h 05 min

Le résultat est donc : 1 h 05 min 12 s.

Espace et géométrie

17 Les polygones

- Un polygone de 3 côtés est un **triangle** :

triangle quelconque — triangle rectangle 1 angle droit — triangle isocèle 2 côtés égaux — triangle équilatéral 3 côtés égaux

- Un polygone de 4 côtés est un **quadrilatère**.

Les principaux sont le **rectangle** et le **carré** :
– s'il a ses côtés parallèles et égaux deux à deux, et au moins un angle droit, c'est un **rectangle** :

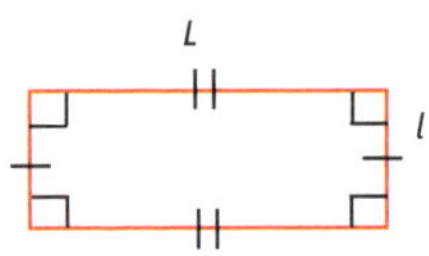

périmètre = (L + l) × 2
aire = L × l

– s'il a ses 4 côtés égaux et parallèles deux à deux et au moins un angle droit, c'est un **carré** :

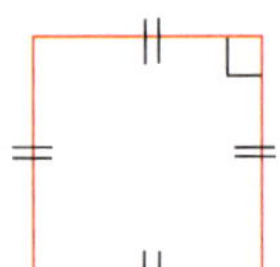

périmètre = c × 4
aire = c × c

Table des matières

Page-indices

La forêt de l'épouvante

du CM2 à la 6e

Note ci-dessous les indices que tu as trouvés au cours de ta lecture.

Va vite te connecter sur le site
www.lenigme.com
pour nous envoyer tes indices,
et tu pourras télécharger plein de cadeaux !

INDICE 1 Leopold

INDICE 2 Cauchemar

INDICE 3 ....

INDICE 4 ....

Bravo ! *Tu as trouvé tous les indices !*

L'ÉNIGME DES VACANCES

Choisis ton univers !

Historique · FANTASTIQUE · Policier · Aventure · FRISSON · Princesse

du CP au CE1

- Le voleur invisible
- Sophia, princesse de la mer
- Le mystère de la source
- Disparition au pays des poneys

du CE1 au CE2

- La peur au bout de la laisse
- Mystère au cirque Alzared
- Attention ! Dauphins en danger
- Pas si désert que ça !
- Menace sur Madagascar
- Pirates en péril !
- L'attaque des monstres animaux SCOOBY-DOO!

du CE2 au CM1

- Le labyrinthe des dragons
- Les fantômes de Glamorgan
- La plage du Prince Blanc
- Le phare de la peur
- Montagne explosive !
- Menaces sur la finale de foot
- Planète dinosaures
- La menace des fantômes SCOOBY-DOO!

du CM1 au CM2

- Le voleur de papyrus
- Le secret de la jungle
- Le sortilège des loups-garous
- Parfum de vacances
- La carrière interdite
- Mystère dans le bush australien
- Musiques diaboliques SCOOBY-DOO!
- Drôles d'époques ! 7 HISTOIRES

du CM2 à la 6e

- Le trésor des Templiers
- Panique à la Pop Academy
- La forêt de l'épouvante
- À la recherche de la cité perdue
- Eaux troubles à Venise
- Drôles de familles ! 7 HISTOIRES

de la 6e à la 5e

- Le secret du Titanic
- Drôle de trafic
- Complot chez les cordons-bleus
- The Refuge in Danger (en anglais)

de la 5e à la 4e

- Operation Blue Lagoon (en anglais)
- Chute mortelle au Mont-Saint-Michel
- The Captain is Missing! (en anglais)
- Le souffle de l'ange

de la 4e à la 3e

- Murder in West Park (en anglais)
- The Mark of the Vampire (en anglais)

Histoire à podcaster sur le site www.lenigme.com

Chapitre 3 Macabre découverte

Chapitre 4 La malédiction

IMPRIM'VERT

N° d'éditeur 10228310 – LASERGRAPHIE – Mars 2017
Imprimé en Italie par BONA